Dia Djélimady Sacko

Notes de poussière

Dia Djélimady Sacko

Notes de poussière

Poética

Éditions Muse

Imprint
Any brand names and product names mentioned in this book are subject to trademark, brand or patent protection and are trademarks or registered trademarks of their respective holders. The use of brand names, product names, common names, trade names, product descriptions etc. even without a particular marking in this work is in no way to be construed to mean that such names may be regarded as unrestricted in respect of trademark and brand protection legislation and could thus be used by anyone.

Cover image: www.ingimage.com

Publisher:
Éditions Muse
is a trademark of
International Book Market Service Ltd., member of OmniScriptum Publishing Group
17 Meldrum Street, Beau Bassin 71504, Mauritius
Printed at: see last page
ISBN: 978-620-2-29736-3

Dia Djelimady Sacko

NOTES DE POUSSIERE

Poética

A mes illustres disparus :
A Ladji que la mort nous a arrachés
Sidi Kanouté, Bakary Garan Sacko, mes grands-pères
A mon père Djelimady Sacko, parti tellement tôt,
qui m'a léguée le plus grand des biens,
son amour des Lettres

A mes vivants :
A Patrick Hauguel
A Paul et Camille
A mes autres frères

A mes Héroïnes:
Maman, Nafissatou Sidi Kanouté, la belle combative
A Mamie Fanta Hane Torodo de Zinguinchor
A la très courageuse Feue Mamie Dia Douga Koné

Prélude

Ces quelques Notes de poussières sont des stances d'humeur, d'humour, d'amour, de douleur, de larmes, de nostalgie, de royaumes rêvés, certains perdus : l'enfance.

Elles sont également, de joies, car de la tristesse naît l'espoir, puis la gaieté, les saisons se renouvellent, nous renouvellent. La vie.

Le monde est fait d'histoires multiples, les humains de poussière. Il est fait de l'histoire de la Bergère qui retrouve le Troubadour, aussi de celles cruelles, qui rappellent la douceur mais aussi de l'amertume de la vie.

Le trouvère lègue son art au poète, qu'il le porte aux Dieux. Ce monde n'est pas le lieu perdu, avant est sa vie, après son emprunte.

Lyre à la main Virgile chante l'histoire, les hommes, des contrées lointaines et proches. Les 21 cordes de la Kora, au bout des doigts de Djély ; suites de paroles saccadées, il conte les hommes du Sahel.

Je vous porte ces quelques notes que m'ont confiées Damas, Prévert, Bréton Césaire, Senghor et Birago Diop, qu'ils ont empruntées à Verlaine, Hugo et Lamartine. Puisse l'Autan les emporter aux cieux. Et se dire Notes tu es, poussière tu rejoindras.

Permettez-moi de vous porter mes quelques notes de poussière, vertes, frêles et innocentes. Et vous serai grée de les accepter, telles qu'elles, vertes, frêles, innocentes.

1- Exil

Le poète promène sa vocation, à la main, sa lyre,
Arpenter ces ruelles du destin. Mystérieux labyrinthe.

Tout voir, tout entendre, tout dire
cueillir dans le jardin Khossa, l'agapanthe

Démurge, le père l'exclut hors de la patrie
Mourir en la patrie, Renaître à la vie

Vivre loin de ceux qu'on aime
Quand l'infortune n'en fait suivre aucune âme

La douleur de l'exilé : renoncer à la terre natale.
Puis étreindre chaque nuit, celle adoptée, amicale,

Déchirure in petto. L'exilé ? L'éternel insatisfait.
Partir, courir, s'exiler, s'expatrier, le bonheur naît.

Vague d'incertitude. Le cœur coupé entre deux amours
Ainsi compte-t-il les années qui passent à rebours.

Appuyé sur sa canne, le berger belligérant,
s'en va semer, le lys du Nil au Nord glaçant.

2- La Louve et ses Louvets

La louve épargnera Remus
Rome à jamais marqué par le saut de Romulus.
Faire le bonheur de la mère
Féroce nourrice, sans charité.

Griffes acérées, protéger
Ces Fébriles innocents de la terre
Le cœur prédateur intrépide
ne bat plus à l'heure de l'azur déclinant.

Que rayonne la destinée de l'Empire !
Les nourrir, se nourrir ?
Rome régnera sur le monde,
Étrange maternité, étranges enfants.

3- Ô Père Sage

Au bout de la clairière, lumineuse
Le Père, Paire, humble ascendant
Montre, au bout du doigt, toute une vie,
Voies en serpent, vers l'avenir.

Pistes clairsemées, montée tumultueuse
Peur au ventre, moineau doit libérer le nid.
Choisi à son tour futur intendant
De la lignée sacrée, légataire, de Dambé[1]

Olympe garant de la Maya[2] tressée
Maya et Dambé, binôme sacré
Complétude assurée, suivre l'aïeul
Long voyage initié, pas lents, précis.

Sur nos têtes, des vagues de nuage
Impression fossile des sept souvenirs
Templier royal, la sagesse grée
Au soleil levant, s'en va le sage.

Au soir du cycle venu, linceul
Grincement de canne sur le sentier
Galerie de secrets, gestes codés
Rien enseigner. Juste observer, apprécier,

Ramper à quatre pattes, se lever,
Tomber, se relever, courir
Ainsi partir pour les sept royaumes
Kaïdara[3] a passé le flambeau sans gémir.

---

[1]La dignité en langue bambara
[2]Humanisme en Bambara
[3]Kaïdara le vieux sage, titre éponyme du livre d'Amadou Hampâté Bâ

4- Senghor

Père de l'orphelin aux cultures arc-en-ciel
Te voilà bien loin, dos à l'artificielle
L'hybride enfant cherchant la lumière, s'affole
Quand les vingt-une corde de Kaladjula Sidiki, parlent.

Dans les bras de la berceuse royale de l'aube
Les âmes hybrides s'émeuvent, tombent
Djeli égraine. La Kora s'empare du verbe.
Ô, Mourir en ton destin. Tu es dos au royaume Torodo

Le voyant de l'aube marche vers Gandi[4]
Joal, l'enfance en songe, derrière :
Lointaine contrée de l'aïeule Poulo Dêbô,
Mandingue, Bamabara, Kassounké, Serrère.

Ceintures lactées des deux Fouta
Trône la reine des eaux, Mamiwata
Si-reine[5] aux pieds argentés, élégante
Dominatrice des peuples d'eau, de mythe.

---

[4]Gandi veut dre en langue Kassounké, jadis
[5]Combinaison de sirène et reine

A Nafisatou Konté, ma princesse Khassounké

Ballade Khassounké

5-Tam-tam-enfance

Tam tam endiablé
Tambour tumultueux
Si loin, tant présent
Réveillez les esprits des eaux
Des Savanes du Sahel

Qu'ils me conduisent aux pieds
de Djoudi, la princesse Kassounké
Que bruissent les feuillages qui jadis,
voulaient attirer la Gazelle.
Réveillez la nubienne au fond du nil !

Belle de belle, amenez-la, la sahélienne,
Ne la précipitez pas, elle prend son temps !
La princesse nubienne du Nil.
Démarches nonchalantes, regards perçants
Yeux dignes, cou hautement porté, telle une biche

Posé sur une belle courbe, Vénus , toujours fraîche.
Ses pieds de Gazelle ne devraient pas être tannés.
Dêdête[6], ne la tanner surtout pas la fleur d'Ebène !
Tam-tam endiablé de mon enfance, proche et lointain.
Réveillez les esprits des eaux, de la savane, des collines !

Qu'ils m'amènent à la princesse Kassounké, Djoudi la belle !
Ô rythmes caractériels, que bruissent les feuillages, jusqu'à la gazelle
Que le Niagara se fasse écho au Félou pour bercer la Nubienne

---

[6]Non, en langue Wolof

Verbes froids, regards de feu, a princesse Kassounké entame la balade des Hirondelles.

6- D'eau douce

Gouïna, Felou, Makadigné
Entendez ces rires enjoués de vos enfants
Bain de bonheur, D'eau douce
Sous ces cieux chauds sans humidités
Musique de Cascade, cadence d'eau.

La Cascade de Makadigné, berce
ses enfants depuis plus de cent ans
De ses mamelles jaillissent l'eau douce
Elle rafraîchit les esprits bouillants,
Et les plaies des nouveaux circoncis de Mamô[7].

Point de richesse par ici, point de Folie
Sous la colline, bassin naturel, par ici
La douce chute se brise dans les reins du lac
Humide et chaud de la roche de fer
Sous les yeux amusés de la mère.

Au crépuscule, lorsque la roche brille,
La princesse Peuhle de Dembaya attend,
Que le soleil nargue Makadigné, que le lac scintille.
Nonchalante, chancelante Hawa flâne dans l'étang.
A l''air où le promeneur solitaire du soir, Djély
Fait des ricochets sur le bassin de l'enfance. Il sourit

Rit, coche, regarde, défie la houle des yeux. L'ombre sur la roche
Flip, Plif, Flap, Flip, Plouf, quand le soleil tourne le dos à Makadigné
La princesse Hawa Demba prend son dernier bain avec les reines d'eau douce.

[7]Maître des nouveaux circoncis, langue Khassounké

7- Toro les deux Fouta

Entends la rythmique de l'enfant du Toro
Fouta, Djalol invoque ton nom
Neniyo, neniyo, neyiyo neniyo wui, bayô, bayô[8]
L'héritier au soir de sa vie chante les ancêtres.

Neni Touti[9], l'enfant pleure, cher être
Neniyo, neniyo, neyiyo wui, bayô, bayô
L'ozone au firmament, le ventre creux. Non !
Yaye cherche la graine à la fourmilière.

Maal Baaba élève le nom de Gueda.
Voûte céleste, les anges se font échos.
Silence! Écoute l'enfant de Fouta.
Djalol[10], les cordes cèdent de rage.

Entends-tu la douce clameur des deux fleuves,
Nés de la déesse, Fouta Djalon ? De l'effluve,
La source des deux Fouta, se termine dans le Toro
Voix majestueuses déclamant l'histoire du Sénégal-Niger.

Grandes gestes de tes cités immémoriaux :
Tombouctou, Djoliba, Bafoulabé entonnent encore la légende,
De l'enfant, les notes mélodieuses des deux fleuves, des Landes
Chemin sinueux, chemin d'or, larmes aux yeux, Kora en rage

Neniyo, neniyo, neyiyo wui, neniyo wui, bayô, bayô

---

[8] Refrain de la chanson Bayo de Baba Maal, chant de pleure à la disparition de son père
[9] Berceuse Wolof
[10] Pluriel de Djali, qui veut dire Griot en Khassounké

A Djély

8- Renoncement

Le cœur s'enlise dans le deuil
Dix ans déjà, il plisse tel une feuille
Au bout de l'aurore, qu'il en finisse,
Sous les vagues de l'a*Mer*tume, houle de souvenir.

Les années passent nous demeurons
Quand défile le roman d'une vie, tenir,
Lâcher la main, poignard dans l'âme en feu
Ainsi, rentre en scène, le destin accablant.

Crevasse de peine sans fond,
Pleure l'orphelin :
Ô Père, ô douleur sans fin.
L'Étoile a filé vers Pluton.[11]

Notre Amour s'enracine, intact, sans âge
Ta voix gravée dans la peau
Le sourire en brise matinale sur nos visages
Remplir l'amphore, de larmes, d'eau.

Renoncer

[11]Dieu du royaume des morts antiquité romaine

Pour toi Ladji

9- *Vingt deux saisons*

Le cœur vêtu de voile noir
Du haut de la falaise je crie ton nom
J'égraine les années, saison après saison
Vingt deux Harmattans ont déjà filé, te revoir
Emportées dans son tourbillon, les images fraîches
Mon frère, ma douleur, mon deuil éternel
Réponds-moi te dis-je : trop d'années rêches
Je sais que tu m'entends du ciel.
Quand à l'âge innocent, douce fleur de l'aurore
Orphée a décidé de te faire les yeux doux. Ô Mort!

Nez au vent, la tête pleine d'étoiles
Nous arpentions les ruelles du quartier
Hier je pensais à toi, aujourd'hui encore
Demain, au soir de ma vie, j'écrirai ton nom royal
Cheveux cotons je te pleurerai encore
Serrant le Médaillon gravé dans mon cœur plié.
Le cygne déploie ses ailes royales vers le couchant, triste
Comme seul compagnon trente-deux lumineux
Le regard défiant l'horizon, six mille lieues
Le ciel est gris par ici, brume azur, moite

Non je ne puis t'abandonner
Demain à l'aube, à l'heure de la rosée, l'arrivée
Traversant l'allée de pierres muettes
Le silence assourdissant, pesant, envahissant
Pieds nus, rougis par le nuage de poussière
Qui porte ses petits pas imprégnés impatients
Quand vint le visiteur matinal,
Le dos décliné, la douleur intacte
Les yeux fixés dans ceux mouillés du Cygne

Oh, enlacer cette terre triste qui t'étreigne

Bien d'histoires ont teinté nos vies.
Amène-toi frérot! Si on allait faire un tour?
Ce quartier qui se souvient de nos petits pas rouges
Maman a besoin de charbon
Vite, me dis-tu, il ne faut la faire attendre
T'en souviens-tu, on allait de la maison à l'école
De l'école à la maison, toi devant
Viens, faisons le tour de la maison
Une fois de plus, toi toujours devant
Un sourire radieux à maman

Sais-tu qu'elle cherche ta lumière
Sur le visage de chacun de ses enfants?
Viens, faisons le tour du quartier
Jusqu'au bout de la nuit, sens-tu,
Les beignets de la vendeuse?
Les odeurs uniques du millet frit?
Viens faisons juste un dernier tour,
Regarde l'éclat orange du soleil à l'horizon
Eclatant de ta présence
Allez viens, je te raccompagne

Ta demeure ne m'est point interdite
On jouera à nouveau ensemble, un jour, dignes
Eh Garan, n'oublie pas d'embrasser Papa
Transmes-lui Nos tendres pensées aimantes
Dis lui de continuer de prendre soin de toi.

Ta sœur

A toi héroïne

Partie le 02 janvier 2017

Adieu princesse Bambara

10-Dia Douga Koné

Ce n'était qu'hier alors, je pensais à toi. Les idées fusaient
Maintenant que tu es partie, mes mots m'étouffent et le Dégué[12]
Oh Mamie te voilà partie de vieillesse, sans douleur, si ce n'est la perte du fils
La courbe en douleur voudrait tant de choses, te dire, Ma Vénus.

Ces six milles mile's qui nous séparaient nous rapprochent aujourd'hui
Ce soir un monde nous séparait, il nous réunis
Te voilà passer de l'autre côté. Demain accueillie en princesse Bambara[13],
Tu seras avec les tiens : amie, sœurs, Mari, Fils, t'ouvrent les portes de l'au-delà.

Rideau transparent de souvenir, Aura de l'élue comme seuls compagnons.
J'aimerais tant y être, Badia des oncles Tall, parler de nos mémoires lointaines.
Portée par ce monde qu'autrefois ton affection a conçu l'équilibre en chanson.
Raconter la grande épopée de la tribu des sept guerriers crains.
Se morfondre, rire de nos doux souvenirs, nos impérities, nos peines.
D'une vie à l'autre, que l'histoire des aïeux passe de mains en mains.

Je serais venue, aider Tante Aïssata à te préparer, te vêtir de ta dernière robe immaculée
Dans la pudeur caresser ta tête, cheveux courts, cotons ;
Enduire ton corps pur de miel, pour la dernière fois, d'huile de Karité.
Je viendrai jusqu'à toi, te porter ma reconnaissance humble féroce des lions[14].

[12]Dessert Khassonké, à base de semoule de millet, lait caillé, ou fromage blanc. Offert aux noms des défunts, dans la tradition Khassonké

[13]Peuple originaire du Kharta (Mali)

[14]Le lion symbolise les Diarra, Koné, Konté, Kanouté

A toutes ces prunelles arrachées à l'affection des leurs !
Écrit pour les victimes de l'attentat de Paris
Pour les victimes du terrorisme

11- La Prunelle des yeux

L'aube verte de la prairie s'incline avec le soleil
Des sourires, joies partagées, l'éternel sommeil.

Les mains tendues vers la vie, pour l'enlacer
Sentir encore les douces notes de printemps.

Quand le tapis de l'obscurité couvrait leur projet et le temps.
Les rayons d'automne frais fouettent le visage de la fleur de L'Isle.

Chacun dans cette enveloppe vibrante naît prunelle.
Ce soir là, à l'heure où les étoiles dansent, des vies brisées.

Que de projet ensevelies, mais certes pas l'amour,
Iris joyeux ferme les yeux sur l'honneur de ce monde,

Embarqué dans l'immonde, par d'immondices rejetons.
L'aile de la faucheuse déployée, l'envieuse rompt,

Le pacte sacré des amoureux, de l'enfant, du parent, éternel
Amour que nulle dans l'absolu ne peut promettre.

La folie en maîtresse commandante. L'irraisonnable
Sans projet sans amour de soi et du monde, l'ignoble,

L'inconséquent en croisade, dans sa folie destructrice
A mis en selle impitoyable mort-fée, l'implacable actrice.

A la mémoire des victimes de l'attentat
de Nice, Paris, Grand Bassam, Bamako...

12-Triste Bastille Day

Sombre, macabre promenade sanglante
Une chaussure là, un gilet par ici, triste monde
Qu'avons-nous fait ? Nul ne mérite telle fin.

Bras dessus, bras dessous, regarde les amoureux
La main entourant l'amoureux (se) un baiser face à la mer
Ces amoureux riaient à la vie, Non, ce n'est pas le dernier.

Courent les enfants, les enfants courent, chahuts, éclats de rire
Du trottoir à la plage, un aller et amusant venu, la vie.
Le mal tapis dans sa haine, Dracula entre en scène.

Les serpenteaux mangent la mère de l'intérieure
Cet enfant se serait couché la tête pleine d'étoiles
Mille joies dans le cœur heureux, sa vie.

Cet homme ne verra plus le sourire de sa femme que sur une photo,
Cet enfant ne grandira pas sous les yeux aimants de ses parents,
Que de vies s'y sont arrêtées, figées dans l'effroi.

Été sanglant, triste monde. Qu'avons-nous fait ?

A tous les déplacés de guerre

13- Des grillages

L'homme a placé des grillages à sa frontière,
Par peur de l'à-venir, Promeneur au visage inconnu
Des barbelés pour protéger sa richesse crue,
Cependant laissant tambouriner sa peur lierre.
Allez voir ailleurs il y a rien à partager ici
Détourner le regard ne rien voir
Fixé son écran plasma qui débite des conneries.
Allez voir ailleurs il n'y à rien à prendre ici

Dans sa peur de perdre le bien acquis,
L'humanisme nous file entre les doigts.
L'orgueilleux à la vanité fluorescente, sans devoir;
L'argent comme Dieu, l'empathie en poussière.
Tout peut mourir ailleurs se détruire
Pourvu que son monde ne s'écroule.
Le fier à mis des grilles à sa frontière
Circulez il n'y a rien à partager ici.

Le vaniteux, crie, l'acclame, trop différents
Rien en commun, tout est mieux ainsi.
Quelle ignorance ? On se ressemble tant
Quand on est frappé par le même malheur.
La misère causée par l'immensité
Bêtise humaine plus grand que l'univers.
Ô enfants de guerre, dont la vie bascule,
Dans la fuite en avant au risque de sa vie.

Pour tous les enfants de Syrie
Et les enfants victimes de toutes les guerres

14- Dans ses yeux

Les yeux hagards la tête ensanglantée,
La jeunesse plongeait son innocence immaculée
Dans la terreur maculée du sang

Dans la béance froidure de la maturité
Ce monde cruel happe l'enfant,
Dans les tourments abîmes de l'âge sombre

Le serpent briseur d'os broie la jeunesse ambre.

15- Petite Uma

Petite Uma à la bouille ronde, yeux ronds, fixe l'avenir. Sombre regard.
Confusion mondiale, la spirale est lancée. Je l'appellerai Uma,
Pieds rougis par la traversée, petit pas précis
Uma tient son sac à main violet fermement tenu, tel un gris-gris.

S'échapper, l'espoir porte l'enfant vers l'avant,
Sa petite vie. Jupe écossaise,
A petites fleurs et paillettes. Rayonne le visage de l'enfant.
Petit papillon triste vole vers l'avenir. Quel avenir?

Je l'appellerai Uma, elle pourrait être ma fille.
Poignet droit fermé, Petite Uma tient sa destinée en braille
Ces minutes qui rythmeront son devenir. Quel devenir?
Porter par le vent, le petit pas pousse le prochain,

Chaque pas étreint l'herbe brûlé, il y' a des piquants,
Mais petite Uma se dit « si ce n'était que ça pour avancer! »
Elle avance petite Uma. Avance Uma !
Je l'appellerai Uma, petite mère courage, ma p'tite poupée.

Aux lycéennes de Chibock
Le 14 avril 276 jeunes filles
sont prises en Otage par Boko-Aram
70 se sont enfouies, 11 libérées
un an après,194 demeurent introuvable

16- Bring back our girl

La lune pleine de folie décida de répandre son empire
Soumettre deux cents soixante-seize nymphes à sa compagnie. Pauvres tarés !
Nul ne peut, n'a le droit d'empêcher son prochain de lire,
Ni le vouer à la pire captivité. C'est germer l'espoir de la liberté.
Y arriver n'est que la conséquence naturelle d'un acte voué à l'échec.
Chibock, tes tendres enfants aux yeux d'amandes, pleurent.
Fraîches, belles, rebelles, insoumises roses des sables
Le lierre a décidé d'étouffer la fragile fleur

Projet abjecte voilé leur savoir, emprisonné leur vivacité
La machine de guerre, ainsi en route, vêtu de son voile
De barbarie, et de triste torpeur
Sombre forêt, la lumière a déserté.
L'ego usurpe la place de Dieu, se dit vérité de Saint.
La candeur a basculé dans l'horreur
Et la folie d'un homme qui se veut sain
Faire naître de la fèces, un petit-grand-homme brave et fort.

Des jours passent, les saisons se renouvellent, le bourreau gagne
La fine fleur reste introuvable, comme évaporée
Château de sable tout s'écroulera au temps béni.
Ô LIBERTE, LIBERTE pour l'enfant de la prairie
Bring back our girl, elles sont l'avenir. La graine au bagne
Devait grandir sans tâche sans blessures muées
Sources souterraines, de ces cœurs d'ange coulent désormais, le lac de charbon
Le forfait, être nées avoir eu la chance d'aller à l'école, elles payeront ;

Dont le seul dessein est apprendre à balayer l'ignorance
De ce pas, planter les graines de l'avenir éclairé.
Jeune et vivace rose des champs de maïs
Jovial leur rêve, crépis par fée d'artifice
Des larmes de la mère naissent les cendres du père,
En attente de la fille prodige.
Changer leur vie, celles des parents, l'espoir d'une vie
Chavirée dans la barbarie, l'ignorance et l'abject
Vision rétrécie de l'humanité, la poussière retourne à la poussière,

Mais pas avant de s'être accomplie.
Le chemin de l'école était clairsemé de chiffre, de syllabe, de lumière.
L'ignorance a pris d'assaut et se dire que de l'obscurité triomphera la sagesse,
Sophia n'a pas dit son dernier mot, non les ténèbres ne triompheront sur ces vies
Pleines de vie, de sourire frais, la savane a engloutie la fleur de l'Isle.
Mère sur le vestibule attend le retour de l'enfant prodige.

17- Cavalier Bleu du désert

A l'appel de Djaro, se mit en route
Le cavalier bleu de la dune rose
Aurores d'or, natte de sable, au trot
la diligence met cap vers le sud,
Kiliman a une express mission.

Le sage aux cheveux blanchis par l'hiver
A un message pour les enfants des dunes.
La poétique gazelle du désert doit transmettre
Son message à tous ses enfants,
Porté par les quatre vents aux frères du Sud.

Galope le Cavalier, porté par l'Harmattan
Le ténébreux apporte un message d'espoir, de paix
A tous les enfants du Soudan-Mali réuni
D'un bout du Sahel à l'autre
Le solitaire pèlerin venu chercher refuge
Doit porter la couronne de laurier à la reine
Avec, comme seul couvre-chef, l’ozone
Quand l'Adrar fond sous ses pieds.

Chaleur étouffante, pas alourdis
A pas de caméléon, harassant labeur
Le front couvert de sueur. Par petit bout
L'horse défie les collines des Iforas,
Sévères massives, muettes, butes cuivrées.
L'oasis au bout de l'allée, la pause serait méritée.

18- Kêlê Magni

De sa transcendante voix, Kandia
Digne héritière de seguessi Balafasséké
Met en garde comme, les nymphes
Autrefois portant la paix in média
Grinçant les cordes d'Apollon.[15]

Kélê Magni s'entend Kandia Kouyaté
Nul doute que la guerre est nuisible
Son ancêtre par le Sousou Balla
A légué ces paroles jusque naguère,
Qu'elle les répande à ses contemporains.
Que d'acharnement à plier l'airain !

Qu'enfin l'haleine fraîche des rosées
Rafraîchissent les esprits brûlants des dunes roses !
Une fois la parole des aïeux portés.
Car :
Que de distinction a anéanti ce monde
Que d'ambition à affamer ce monde, prose,
Que de haine a perdu ce monde !
Ainsi :
Que fils du Sud et du Nord tissent les paroles de paix
Que sèment les graines du renouveau
D'un Mali toujours debout, toujours vaillant.
Fort de la geste des érudits d'antan,
Qu'ainsi Kouroukanfouga dessine les plans de l'avenir.
En cible le cœur de l'indigne fils, à bannir.

[15]Dieu Grec de la Paix

Afin :

Que raisonne en chaque fils du Mali
Les paroles sages de Sogolon Kondé.
Que portent les femmes du Mali à bâtir de leurs mains,
L'arc de triomphe de Triban Nana, fièrement gainé

En cible le cœur de l'indigne fils
Qui donne en pâture notre mère matrice.
Le patriote relaie en écho, sur le cœur, la main
Débout, toujours débout, le Mali de Koumbi.

19- Doudoum-doudoum

S'en va la colonie d'éléphant
Vers l'aurore, Nostalgiquement.
A pas lourd, doudoum doudoum
Porte les pas vers le couchant. Boom
Silence de cathédrale, en Rang
Serré, les uns contre les autres, outrés.

Front contre front, se souvenir.
Demeurer concentré sama-ma attend
La réserve se vide de ses derniers nés
Ne plus se soucier de son devenir
A dit un grand visionnaire, qui déclara aussi
La guerre au Sud rependant la disette.

La misère humaine dans la méditerranée
Se moquant de tout. En attendant,
L'apocalypse sonne.
Ce que les Dieux en horreur appréhendaient aussi.
L'homme sonne le glas de l'humanisme,
Laissant libre court à l'égoïsme
Le règne de l'individu, qui crie
A chacun sa perte ! A chacun son bordel !

20- Mâle Alpha

A pas affirmés, l'Élan s'approche
Clac-clac-clac frémissement de bois
Le combat, promet, féroce et ardu.
Aucun ne doit en sortir vivant
C'est la promesse faite à la princesse au bois d'argent
C'est la saison des combats et glorieux amours
Se renouvelant, garder que les vainqueurs
Se faner pour quelques jours de ciel étoilé
N'est-ce pas là, le gage
Bouquet à la main elle attend le vaillant
Pas forcément le plus beau pelage,
Et regarde l'indigne battre retraite, tête baissée.

21- La Marmotte et la Rose rouge

Rare Rose des hautes montagnes
Ne fane pas, rouge joyeux
Le regard plongé dans ses yeux

Elle désire être sauvée de sa solitude.
Le vent qui te porte au cœur de cette masse pointue
Qui t'a porté à moi pour que je te sauve.

Regarde au-dessus de ta tête, ces aigles
Chantant les rayons du soleil sur le pic
Quand le tournesol regardera à l'Est.

Je te porterai dans mon royaume souterrain
Il n'y a point de lustre en or souverain.
Mais la fraîcheur du soir préserve

Les fragiles fleurs de l'Achéron.
Tes épines me sont douceurs
Comme ton nectar aux papillons rêveurs.

22- La cigogne et le Matamore

Digne teigne de la contrée faignante
Rouge pays sec, tes enfants ont déserté.
Crête verte de la prairie
Abandonnée : quiétude, abondance infinie.

La cigogne a fui la vallée tarie

C'est là qu'entre en scène le Matamore
Visage ingrat, douce voix chaude chasse,
Le chat, Sournois félin, enquiquineur de primat
Duel de la flamme méridienne, carnivore.

La cigogne a fui la vallée tarie

Physique imposant, cache-toi
Tendre enfant des prairies
Sans ailes pourtant, il en brasse.
De cette protection ? Pas besoin.
Ces ailes-là sont de cactus.
Frêles fleurs des dunes. Invictus
Le soleil brûle par ici, scènes d'effroi

La cigogne a fui la vallée tarie

Ainsi déploie ses ailes, se rêve Roi,
Dit-il à sa nouvelle « Mamie »
Viens, Cigogne rose de Lune
Viens à moi, faiseur de reine
Rose d'étoiles, je te ferai Si-Reine.

Sage enfant, sur mon dos d'éternel sage,
Allons explorer ces sauvages paysages.
Lorsque s'ouvre le long couloir ténébreux
Le cœur s'en va enfermer, creux
La cigogne a fui la vallée tarie.

23- J'attendrai

Sous l'averse hivernale
Parapluie de peau animale
Couverture temporelle
J'attendrai au pied du mur.
Sans tintamarres ni bavure,
A pas comptés, attendre la Gazelle.

Bâti de banco rouge, modeste pétri,
Flaques d'eau ruisselante, comme tapis.
Et là, piégé jusqu'aux genoux
Si ton père me chasse par des coups,
Ton amour me pensera le cœur
Enlever Hélène sans peur.
Le mal qui t'envahit ne saura t'éloigner.

L'Harmattan n'a d'ennemi que le galant.
Il te coiffe, te décoiffe à séant.
Ton féal s'en trouve dépouillé.
La tempête rousse grommelle.
Douce épine, scandaleuse, belle.

Elle emporte les pyramides de sable,
Avec elle, nos amours juvéniles.
Ces heureux instants, souvenirs affables
Il n'est point raison de reddition.
Le guerrier au cœur de lion
Enlace l'épine du crépuscule.

Quand se décline le soleil sur le djoliba,
Le manteau gris couvre le jour, en bas,
Sous le regard des promeneurs
Le soleil embrasse la pleine lune en vainqueur.

24- L'Autan

Le printemps a balayé les feuilles, forme de main
Les platanes narguent, fleurs sauvages et folles du jardin,
La houe printanière chatouille les narines du promeneur
L'enragé emporte avec elle, la grisaille. Que nos folies en meurent.

Affole les volets violets de la voisine
Tintamarres nocturnes, les fantômes d'Autan couinent
Pas une ombre dans les rues sombres de mars.
Tiens un talisman, chasseur d'esprit épars.

Pose-le sur la table, au chevet blond. De grâce.
Éteins la lumière, mais, vigilance.
Allume une bougie au nom de Marie
Khadija en écho, répondra.

Quand soudain la paupière s'alourdit,
Que l'esprit vagabonde dans les ruelles.
Errance aux royaumes du chakra
Que vides sont les rues, l'Autan dans les ailes,

La Madone libère la voie céleste, bleu coton. Hama ![16]

---

[16]Dieu Dogon

25- Blue spleen

Papier bible en main, l'âme en pleur.
Bible buveuse d'encre indigo.

En ces instants sombres, le cœur éclaireur
S'enfonce dans le lac charbon. Haro !

Sur le spleen mouron, invoquer le beau
Brume matinale, chaude vapeur.

Moite levée d'une nuit enivrée de peur
S'enfonce en son sein l'aurore remplie de tristesse.

L'horreur des jours ténèbres, douleur en ivresse
L'avenir gravé sur des feuilles d'Automne

Il n'y a point de place à la mort
L'âme meurtrie renaît en grand bond sans port.

Elle tresse, les lianes de l'énigmatique acculé
Sans soucis des menaces du destin pouvant basculer.

26- Promenade

Une main
Un bras qui entoure.

Un bras qui enlace
Une main qui se pose.

Là sur ce ventre creux
Un instant, un torse qui accueille.

Une main qui passe dans les cheveux,
Ce pouce qui essuie une larme.

L'amour. Est-ce donc cette chose?
L'impalpable, plus fort qu'une arme ?

Qui met du plomb dans la tête
De l'aplomb à revendre

Tel un papillon, il déploie ses ailes,
Feux d'artifice plein le cœur et les yeux.

L'amoureux s'en va nez au vent,
Se laissant enivrer par l'élixir.

La fraîcheur de la rose, se laissant surprendre,
Par l'épine du cactus qui distille son doux parfum.

Couvrant de ses bras ses gens heureux
Vénus a jeté le sortilège.

Main dans la main, dos aux gens.

Ainsi s'en vont les amoureux.

27- Ailes aimantes

L'amour lave quand tout nous a salis
Il voit en l'humain ce qu'aucun ne voit,
Ne respire, ne mange, ne danse, ne rit.
Ô Amour prends-moi dans tes bras.
Que citron soit le monde qui me gifle,
Que ciel soit la nuit qui m'enveloppe.
Indomptable, il nous crée, indomptable, on demeure.
Les ailes de l'amour couvrent nos cœurs et le ciel.

28- Une Rose pour Héra[17]

Une rose arc-en-ciel pour Héra,
Ma rose épine. Aïe ça pique. Oh Karma !
La voie royale pour l'enfant prodige, Zinnia.

Ni guêpe, ni guépard, ni tigresse, ni guerrière.
L'ange aux grands yeux amandes, humides, peau de miel,
Entonne en psaume lyrique, la belle prière,
Pour la princesse aux pieds rouges, nus, l'orpheline des gazelles.

---

[17]Bonheur en langue Khassounké

A Léopold Sédar Senghor

A ces êtres aux cultures Zèbres

29- D'Ebène et d'Hélène

« L'émotion est nègre »
« La passion est Hélène »
Celui qui l'a dit a été banni
Mal compris, le poète,
Condamné, l'apatride
Pour les siens abêtis.
L'enfant Lynx. Le Zèbre.

Le cœur vêtu des deux
Il bat émotion
Tambourine Hélène.
Ces deux émotions
Ne sont l'apanage d'aucun
D'aucune couleur, d'aucun humain
Mon cœur bat Hélène, tambourine Ébène.

A Haïti

30- Île, Haïti

Non Haïti tu n'es pas maudit!
Ô île des maux que les mots réparent
Berceau de nobles combats libérateurs.
Rhum dans le nez sous le soleil d'aplomb Haïti
Rugit de colère, de rage. De Fracas en fracas le cyclone
Éventre les entrailles de la terre fertile de mots.

Dégât, réminiscence, à chaque fois renaissance
Les enfants de Legba renaissent de leurs cendres
Les maux naissent de l'infortune,
A Petit Goyave la douleur gémît des mots rances
Haïti des douleurs profondes, des premiers espoirs, l'indépendance.
L'arbre de vie déploie ses ailes aux vents,
Et aux enfants de la terre qui expulse.
Tant pis pour ses humeurs. Toussaint, les enfants,
De l'impératrice survivront aux démons de l'enfer.

Non Haïti tu n'es pas maudit!
Haïti par terre, Haïti toujours Débout !

31-Sortir du cfa

En héritage de l'aïeule j'ai reçu des canaris,
Des millions de pièces lactées en cauris.
Fortune familiale, de labeur durement gagné en legs,
Sur le quitus couronné d'or de Koumbi, une bague.

Garder ces nobles coquillages d'eau douce
Aujourd'hui infortune, sans preneurs.
Du bijou, des têtes de bétail échangé en billet de bourse
Maintenant que chante l'oiseau rêveur,

S'entend au quatre points, le chant de la nouvelle idole Anti.
Il chante le retour de l'abondance par la vide coquille de jadis.
Mes ennuis sont terminés, demain je serai en paix, Crésus.
Nous vivrons d'eau fraîche dans l'amour de la patrie.

32- Terrible Bufflesse de Dô

Terrible enfant de la savane,
Encore rugi, la Bufflesse de Dô
La sœur éconduite crie vengeance.
Du coup de pâte, la terre céda.

Fêlure de gouffre, encore de Niani
De la fêlure surgit la salamandre
Quatre yeux, quatre oreilles
Deux devant, deux dans le dos.

Tout voir tout entendre en deux échos
Le prudent confirme en deux fois
Du ventre dodu sortira le fils du lion
De son hibernation, il aura tout vu
Deux fois tout entendu.

Royal rampant, la salamandre,
Enfantera de Mounyê[18] ni Sabali[19].
Le nouveau-né de cent ans et son multiple
Par deux fois, a tout vu, tout entendu

Les génocides, les grandes croisades,
Les déluges de fin de cycles terrestres,
Pour cause la sagesse sera sa maison
Carapace millénaire
Au bout de la clairière rayonnera l'enfant sage.

[18]Endurance en Bambara
[19]Tolérance en Bamabara

33- Mandé Boukari II

Au Mandé le monde est une calebasse sans bord
Tourne, tourne, le monde gravite sur lui même,
Boussole le point A est celui d'arrivée.
Taara, Boukari s'en alla sonder la calebasse, au dehors.

L'horizon en mire, songe d'un guerrier curieux
Mille Barques, Mille homme navigué du Djoliba à la mer
Au diable la dorure, Mandé Boukari abdique. Voyage périlleux
Poussé par le vent frais, l'aventurier partit dos à la mère.

Porté par le vent, de flots en rives, d'affluents en vagues
La flotte à l'eau éventre les flux de *Gueidji, Baaba*
Jusqu'aux rives du fleuve Gambie, jusqu'au Niagara

Le rêveur fasciné lancé depuis les rivages mandingues
Au siècle douze de notre ère l'explorateur met cap vers l'Amérique
De Niani, non au trône, le frêle s'en va. Ô conquête transocéanique

Le nouveau monde !

10 mai 2017

34- Île de Gorée

Quand nos pieds nous portent à Gorée,
Les yeux remplis de l'océan de douleur,
A en vomir toute la journée. Ô pleure!
La belle Île, blessée de l'histoire de ses enfants. Île d'horreur, île de beauté.
Quand, l'horreur plein le nez, leurs âmes,
Criardes de complaintes, s'emparent de nos corps.
Le cœur accroupi, se souvenir. Notre mission sans bord.
Ce monde devant porter la mémoire sans haïr.
Au soir venu, ceux qui ont commis ces crimes ne sont plus, aussi leurs victimes
Porter à l'enfant Zèbre, leurs histoires en héritage, sans pâlir, sans faillir.

TABLES DES MATIERES

31-Sortir du cfa

32- Terrible Bufflesse de Dô

33- Mandé Boukari II

34- Île de Gorée

Dia SACKO est née au Mali dans les années 80, un soir d'automne en plein harmattan, d'un Professeur de Lettres Modernes diplômé de l'Ecole Normale Supérieure de Bamako et d'une institutrice débrouillarde en tout genre. Tous deux sont originaires de la région de Kayes, issus de l'ethnie Khassouké (peuple né du métissage, peulh, bambara, mandingue et Soninké). Une origine renforcée par la culture Toucouleur-Wolof, de par sa grand-mère sénégalaise originaire de Siguinchor en Casamance.

Elle s'installe en France après une maîtrise de Lettres Modernes, reprend les études au Mirail, obtient une licence de Sciences de l'éducation, puis un Master II de Lettres modernes, mention Recherche, en littérature féminine subsaharienne.

Naturalisée française en 2016, la désormais franco-malienne, vit et écrit ses deux amours : le Mali et la France. En 2015, consciente de la place à prendre dans le processus de paix au Mali, elle prend sa plume et écrit des articles sur la problématique sécuritaire de son pays d'origine.

Notes de poussière est son premier recueil de poésie, composé de 34 poèmes, comme l'âge de son auteure au moment de son écriture, qui est aussi une référence symbolique au chiffre 7. Dans les sociétés traditionnelles Bambara du Mali, le chiffre trois représente l'homme, quatre la femme, il faut 3 et 4 pour faire l'humanité.

Sa plume est trempée dans son expérience personnelle, riche de métissage, de sa triple appartenance culturelle à travers : l'invocation nostalgique des ancêtres peulhs, Khassounkés, toucouleurs, des récits du long du fleuve Sénégal. *Notes de poussière* invoque les derniers événements qui ont marqué dernièrement notre monde, le terrorisme, la guerre en Syrie. Mais également d'amour et de paix.

En 2005, Dia Sacko obtient le premier prix senior Plume d'Or de l'organisation internationale de la francophonie, mettant en compétition littéraire, les élèves et étudiants d'Afrique de l'Ouest. La même année devient la première fille élue représentante des étudiants du Mali au conseil du Rectorat de l'université de Bamako, par suffrage.

Dia Sacko rentre au Mali en 2018 et travaille désormais comme consultante en communication et programme pour des Institutions internationales. Coordiantrice du Projet d'Appui au Français pour l'Ambassade de France au Mali, elle y initie la plateforme web-média maliculture.ml d'ingénierie culturelle. En décembre 2019 elle lance le projet d'éditions Femm'Act « Etre une femme malienne au 21e siècle », livre collectif dont elle assure la direction de publication, paru en décembre.

Printed by Books on Demand GmbH, Norderstedt / Germany